Inhalt

RETRO-FILM

Vergessen war gestern, wir sprechen darüber!

TOTE ENGEL LÜGEN NICHT (1988)

Im Auftrag der CANNON GROUP entstand 1988 der Fernseh-Krimi TOTE ENGEL LÜGEN NICHT. Im Original lautet der Titel „Gotham". Für die Regie wurde Lloyd Fonvielle engagiert,der hier seinen ersten und auch seinen letzten Film ablieferte. Ob es an der Qualität des Streifens lag, ist nicht bekannt.

Schaut man sich das Cover an und liest die Namen auf der Besetzungsliste, könnte man meinen, dass es sich um einen spannenden und knisternden Krimi mit zahlreichen Wendungen und Überraschungen handeln könnte. Doch schon nach kurzer Spielzeit bemerkt man recht schnell, dass die Story unausgereift und lieblos dahinplätschert.

FEMME FATALE IN ENGELFORM

Zwar konnte man Filmgrößen wie Tommy Lee Jones und „Femme Fatale" Virginia Madsen, die Schwester von Michael Madsen, für den Krimi engagieren, doch retten können sie das Endprodukt leider auch nicht.

Die Geschichte spielt in den 80er Jahren in New York. Tommy Lee Jones mimt glaub-

würdig und in gewohnter Qualität den Privatdetektiv, der sich mit kleinen Aufträgen durchs Leben boxt. Er trägt billige Anzüge, hat ein kleines dreckiges Büro, ein schäbiges Apartment und kaum Aufträge.Als „geisterhafte" Erscheinung tritt Virginia Madsen auf.

VHS
NEVER FORGET

Wie man es von Ihr kennt, mimt sieeine unnahbare, erotische Persönlichkeit, die weiß was sie will und wie sie es bekommt. Sie nutzt die Waffen der Frauen, um die Männer dazu zu bringen, das zu tun, was sie will.In weiteren Rollen sind Michael Chapman, Jack Cheley und David Cryer zu sehen.

Der New Yorker Privatdetektiv Eddie Mallard macht eine Durststrecke durch. Eines Tages steht jedoch der reiche Finanzier Rand in seinem Büro. Der fühlt sich von seiner Ex-Frau Rachel bedroht und beauftragt Eddie damit, sie ausfindig zu machen und zur Rede zu stellen. Die Sache hat nur einen Haken: Rand wurde von seiner Frau niemals geschieden. Sie kam vor 10 Jahren bei einem Bootsunfall ums Leben.

KRIMI AUS DEM HAUSE CANNON

Die Geschichte ist leider überhaupt nicht spannend inszeniert. Die Idee mit dem Auftraggeber, der angeblich von seiner Frau verfolgt wird, klingt realistisch, doch mit dem Ansatz, dass sie bereits vor 10 Jahren bei einem Bootsunfall ums Leben kam, schon wieder etwas verwirrend.

So kann man TOTE ENGEL LÜGEN NICHT, den Zusatz von Mystery anrechnen, den er allerdings kaum ausschöpft. Statt dessen konzentrierte man sich vollkommen auf die Kriminalgeschichte und vergaß dabei wichtige Aspekte. Die Story dreht sich hauptsächlich um den Privatdetektiv, den weiblichen Geist und den Auftraggeber. Hin und wieder nutzt Eddie Mallard seine Kontakte zu anderen Behörden, doch zur eigentlichen Geschichte tragen die Ereignisse und Ergebnisse seiner Recherchen kaum bei.

So dümpelt die Story gemütlich vor sich hin und nagt an der Aufmerksamkeit des Zuschauers. Vieles wirkt verworren und nicht ausgiebig durchdacht, was den Zuschauer noch mehr in die Irre führt und auch an der Aufmerksamkeit nagt.

Für eingefleischte Tommy Lee Jones-Fans, Cannon Group-Enthusiasten und Anhänger von Virginia Madsen ist TOTE ENGEL LÜGEN NICHT eine Sichtung wert. Wer jedoch einen rassigen und spannenden Krimi erwartet, wird recht schnell enttäuscht sein. Hierzulande hat es der TV-Film nur auf VHS geschafft.

Nordamerika im Jahre 2053: Der ökologische Holocaust, der am Anfang des neuen Jahrtausends über die Erde hineinbrach, hat den blauen Planeten in eine lebensfeindliche Wüste verwandelt. Seit die neue Ordnung sein Leben zerstörte, hat Harry Stark (Michael Ironside) den Ranger-Job an den Nagel gehängt. Als Kopfgeldjäger durchstreift er die endlosen Outlands, die von blutgierigen Skins beherscht werden. Es ist Starks Glückstag: Draussen bei "Arnie´s Cafe" nimmt er die als Mörderin gesuchte Reno (Vanity) gefangen. Sie verspricht eine gute Prämie. Stark bringt seine Gefangene ins nahegelegene Jericho, ein Provisorium, das auf den Ruinen eines ehemaligen Einkaufszentrums errichtet wurde. Aber dort will man Reno nicht haben. Stark muss mit ihr ins entfernte Neon City, wenn er die Belohnung, die auf ihren Kopf ausgesetzt ist, kassieren will. Für Stark beginnt ein endlos scheinender Trip ins Ungewisse.

Neon City (1991)

STEFAN

Was einem bei Neon City sofort auffällt ist, dass es ein Endzeitfilm ist, der nicht aus dem Land Italien kommt. Die Italiener

dominierten ja die Endzeit-Ära schlechthin. Oft nur mit Trash der feinsten Sorte ohne Sinn und Verstand. Neon City ist da total anders, hier wurde nicht auf Effekthascherei wert gelegt, sondern man rückte das Menschliche in den Mittelpunkt, wie es in einer Endzeit sowieso kaum noch zu finden sei. Neon City ist kein klassicher Action-SciFi-Endzeit-Klopper, eher ein Drama gemischt mit Klischee-Elementen aus dem Genre.

Die Regie übernahm Monte Markham, zu seinen weiteren Werken zählen unter anderem: Defense - Mörderische Spiele und die TV-Serie Baywatch, die wohl fast jeder kennt. Er war auch oft als Schauspieler vor der Kamera tätig, zu sehen ist er zum Beispiel in Mr. Alligator – See you later, Jake Speed und Die Stimme des Todes. Dazu noch unzählige Auftritte in diversen namhaften Serien im TV.

Die Hauptrollen in Neon City wurden gut besetzt mit Michael Ironside und dem Model und Prince-Girl Vanity. Ironside ist bekannt aus Starship Troopers, Auf Kriegsfuß mit Mayor Payne und Total Recall. Seine Filmliste ist sehr lang, seine Heimat sind aber eher die B-Movies gewesen. Was ja nichts schlechtes ist, denn viele B-Movies sind nah dran oder manchmal gar besser als die großen Blockbuster! Ausnahmen bestätigen die Regel. Sexy Vanity ist ein ehemaliges Model und war ein Girl des Sängers Prince. Auch sie ist filmisch sehr stark vertreten, wie Monster im Nachtexpress, Deadly Illusion und diverse Serienauftritte beweisen. 1995 hat sie sich aus dem Filmgeschäft zurückgezogen.

Aber zurück zu Neon City. Klar gibt's hier Action in Form von Verfolgungsjagden mit wilden Schießereien (Anlehnung an Mad Max) aber im Vordergrund stehen die Figuren, ihre Beziehungen zueinander und auch diverse Dialoge, die sich meistens im kleinen Set des Trucks abspielen. Sicher ist das nicht unbedingt immer spannend und von vielen Hintergrundinformationen gestützt, dennoch findet man durch die ausgeprägten Figuren einen besseren Bezug zur Story, nicht zuletzt wegen der oben genannten Besetzung. Trotz der vielen Dialoge und der schlichten Kulissen - prunkvolle Sets wären in einer Endzeit ja auch Fehl am Platze - kommt in Neon City keine Langeweile auf. Dies zeigt, dass man sich mit dem Thema Endzeit mal auch anders befassen kann. Neon City ist der Beweis dafür.

Manche Hintergrundinformationen, die man in Neon City von den Rollen erfährt, sind leicht verwirrend, denn sie werden manchmal erwähnt und nicht weiter drauf eingegangen und tauchen auch im späteren Verlauf nicht wieder auf. Die Story ist manchmal flach und stur, die wenigen Actionszenen lockern dies aber wieder gut auf. Die Darsteller erwecken ihre Rollen glaubhaft zum leben und lassen sie sehr authentisch wirken, kaum etwas scheint künstlich und aufgesetzt.

Neon City im Vertrieb des Labels Cannon ist nur auf VHS erhältlich. Es gibt nur eine Auflage und die FSK hat eine Freigabe ab 18 vergeben. In meinen Augen hätte eine FSK 16 vollkommen gereicht.

Neon City läuft so gut wie nie im Free TV, wird wohl ein Geheimtip was das Thema Endzeit angeht bleiben und irgendwann in der Versenkung verschwinden. Wer sich gerne Endzeitfilme anschaut und sie eventuell auch sammelt, sollte sich Neon City besorgen. Er komplettiert die Sammlung definitiv.

STEFAN

$1.00 CHARGE IF NOT REWOUND

ALIENKILLER

Ein außerirdischer Mörder wird als Strafe auf die Erde verbannt, auf der er den Rest seines Lebens verbringen muss. Um menschliche Gestalt zu erlangen, enthauptet er nach seiner Ankunft einen Bauern und übernimmt durch dessen Kopf seine Identität. Während der Erkundung der Stadt pflastern immer mehr kopflose Leichen seinen Weg. Der Fall wird an die abgebrühte Polizistin Diana Pierce übergeben, die soeben an der Erschiessung eines Vergewaltigers beteiligt war. Als der Killer von der Polizei erschossen und in das Leichenschauhaus gebracht wird, nimmt er die Identität des Sexualverbrechers an. Diana Pierce begibt sich auf die Jagd nach ihm, doch der Kampf gegen den Außerirdischen scheint aussichtslos ...

Im Jahr 1986 machte Regisseur John McNaughton sich in der Filmwelt mit seinem Debutfilm HENRY – PORTRAIT OF A SERIALKILLER einen Namen und begeisterte nicht nur die Zuschauer, sondern auch diverse Geldgeber. Fünf Jahre später bekam er das Skript zum Streifen ALIENKILLER (Originaltitel: The Borrower) zugespielt, jedoch fehlten ihm die nötigen Zahlungsmittel für eine Umsetzung. Die Filmschmiede CANNON war bereit das nötige Kleingeld zu spendieren, verknüpfte das

aber mit der Bedingung, dass manche Plotelemente etwas abgeändert werden müssten. McNaughton stimmte zu. Er war vom Skript begeistert und wollte diesen Film unbedingt drehen. Seine Filmkarriere war damit aber noch lange nicht zu Ende. Im Jahr 1993 drehte er den Film SEIN NAME IST MAD DOG mit Bill Murray und Robert De Niro, fünf Jahre später war kam WILD THINGS mit Kevin Bacon, Neve Campbell und Matt Dillon.

Vergessen war gestern, wir sprechen darüber!

ALIENKILLER ist eine Mischung aus Horror, Science-Fiction und Splatter, wobei der Horroranteil deutlich im Vordergrund steht. Lediglich, dass ein Alien in einem Menschenkörper auf die Erde verbannt wird, trägt zum SciFi-Genre bei. Man bekommt sogar eine ausserirdische Gestalt zu Gesicht, das Raumschiff bleibt aber in hellem Licht verborgen und ist nicht als solches zu erkennen. Zum Bereich des Splatter tragen vor allem die Effekte bei. Für die Special Effects war Kevin Yagher zuständig, dessen Arbeiten man zuvor in NIGHTMARE ON ELM STREET bewundern konnte. Auch hier gelangen ihm außerordentliche gute Effekte. Die Masken und Kostüme sind aufwendig und detailreich. Auch was den Gore-Anteil angeht, wurde nicht gekleckert, sondern geklotzt. Zwar fließt der rote Lebenssaft nicht in Strömen, aber die eine oder andere heftige Szene ist mit dabei. Auch wenn manche Handlungen eher im Verborgenen stattfinden, oder aus einem anderen Blickwinkel gezeigt werden, werden sie durch kleine Schockeffekte unterstützt,

hier auf harten Splatter und Horror hofft, wird wohl enttäuscht, vieles wird nur angeschnitten. Doch der Spannungsaufbau und das Setting unterstützen den Plot an vielen Stellen.

CANNON forderte Änderungen am Skript, was man vor allem beim Cop-Plot bemerkt. Ein weiblicher Detective und ihr Partner sind auf der Jagd nach einem Serienkiller und Vergewaltiger. Sie stoßen nur durch Zufall auf die unheimlichen Ereignisse rund um das Alien. Auch wenn ein Zusammenhang nur unschwer zu erkennen ist, schnüren sich die einzelnen Handlungsstränge erst im späteren Verlauf zu einem Bund zusammen und ergeben einen AHA-Effekt beim Zuschauer. Der Anteil des Buddy Movies - in diesem Fall durch die beiden Polizisten - wirkt etwas unausgegoren und steif. Zwar werden hie und da ein paar lockere Sprüche vom Stapel gelassen, doch lockern sie die Atmosphäre nur

die ihre Wirkung nicht verfehlen. Wer

Autos ausgeleuchtet. Dies verstärkt die düstere und angespannte Atmosphäre sehr.

Storytechnisch erinnert ALIEN-KILLER stark an THE HIDDEN. Das trübt den Unterhaltungswert des Streifens aber kaum. Zwar ist der Film klischeebehaftet, doch kann man getrost über die kleinen Schwächen und Macken hinwegsehen.

geringfügig auf. Die Szenen, in denen der Zuschauer dem Alien in Menschengestalt folgt, sind düster, eklig und auch ironisch gestaltet worden. Die Versuche des Außerirdischen, sich an die Menschheit anzupassen, sorgen beim Betrachter für einige Schmunzler.

Zu 90 Prozent spielt sich das Geschehen beider Handlungsstränge in den Lichtern der Grossstadt ab, viele Szenen werden nur durch Laternen und Scheinwerfer von

Hiervon ist vor allem auch das Finale des Films betroffen. Man weiß nicht so recht, ob die Gefahr jetzt gebannt ist oder das Wesen weiterhin sein Unwesen auf der Erde treibt. Wer von Aliens auf der Erde nie genug bekommen kann und sich nicht gegen ein unterhaltsamen B-Movie sträubt, wird mit ALIENKILLER seine Freude haben.

THE INCREDIBLE
LOU FERRIGNO
IS
HERCULES
From out of the heavens
comes the strongest
man on earth.
THE CANNON GROUP, INC.
presents
LOU
FERRIGNO
SYBIL
DANNING
BRAD
HARRIS
in a GOLAN-GLOBUS Production

CRACK HOUSE

Die Drogen- und Bandenszene des ethnischen Schmelztiegels von Los Angeles als Kulisse für die Geschichte eines Jugendlichen, der eine wilde Schießerei provoziert, um die Ermordung seines Cousins zu rächen. Seine Verlobte gerät in die Fänge eines brutalen Drogenkönigs.

Ein eiskalter THRILLER, der direkt unter die Haut geht

Filme aus der CANNON Schmiede lassen sich zumeist nur in drei Kategorien einfügen. Klassiker, Schrott oder Geheimtipp. Letzteres trifft auf CRACK HOUSE von 1989 zu. Regisseur Michael Fischa inszenierte ein megavolles Skript, gut verpackt in knapp 90 Minuten Spielzeit, in einen sehr unterhaltsamen Action-Drama-Mix. CRACK HOUSE war Fischas erster Film. Kurz darauf brachte er den Film "Witch Bitch – Tod aus dem Jenseits" heraus. Es folgten weitere Werke wie "Meine Mutter ist ein Werwolf" und "Delta Heat – Erbarmungslose Jagd". Seine restlichen Arbeiten als Regisseur befinden sich außerhalb unserer Retro-Ära.

CRACK HOUSE ist ein Action-Drama Mix, wobei sich die Action aus Budget Gründen eher im Hintergrund hält und mehr Augenmerk auf dem dramatischen Teil liegt. Der Zuschauer bekommt eine Art Gangster-, Knast- und Familiendrama serviert. Im Kern geht es um Drogensucht-Problematik und einen Hauch Schul-Dramatik mit den üblichen Problemen einer amerikanischen High School. Wie so oft, wenn es um Drogen und Gangster geht, darf ein kleiner Sub-Plot mit einem Undercover Cop nicht fehlen, der sich aber gut in die recht flotte und ansprechende Geschichte einfügt.

Die Sichtweise wechselt gut zwischen den einzelnen Plots und vermischt sich auch gelegentlich. Viele Dinge gehören zusammen und meist resultiert aus der einen Handlung eine andere. Die Neugier des Zuschauers ist von Anfang an geweckt und wird auch konstant aufrecht erhalten. Auch wenn der Plot des Suchtproblems etwas überhand nimmt und sich die meiste Spielzeit nimmt. Die Verwandlung vom jungen, attraktiven Mädchen zur Crack-Hure wird ausgiebig in Szene gesetzt und kann dem Zuschauer nur ansatzweise verdeutlichen, wie dieser Strudel aus Gewalt und Drogen in der Realität aussieht.

VHS
NEVER FORGET

Vergessen war gestern, wir sprechen darüber!

CRACK HOUSE betrachte ich als kleinen Geheimtipp aus der CANNON GROUP Schmiede, der in der Fülle der Filme aus diesem Studio, wohl gänzlich untergegangen ist. Für den Cast wurden zwei bekannte Blaxploitation-Stars engagiert. Die Rede ist von Richard Roundtree und Jim Brown. Beides sind bekannte und beliebte Gesichter aus den 70er und 80er Jahren.

Manchen Stellen des Films merkt man das magere Budget etwas an, was sich leider auch in Logikfehlern niederschlägt. Das ein großer Crack-Dealer sich in dreckigen Häusern aufhält, wo auch die illegalen Drogen produziert werden, ein Waffenlager ist und die Kunden an der Tür ihren Stoff besorgen, scheint doch recht unlogisch zu sein. Doch sieht man von diesen kleinen Schwächen ab, bekommt man einen sehr unterhaltsamen und soliden Streifen geboten. Vorausgesetzt man ist noch im Besitz eines VHS Rekorders, denn hierzulande gibt es diese kleine Filmperle nur auf Videokassette zu kaufen. In den USA ist er auf DVD erschienen, mit einem klaren Ton in der Originalsprache und einem sauberen Bild mit satten Farben.

STEFAN

KOMÖDIE

*Seit Anbeginn der Zeiten währt der endlose
Kampf zwischen Gut und Böse. Wie der
Blitz fährt der Teufel in die vorzugsweise
weiblichen Körper seiner Opfer, um in deren
Gestalt sein dämonisches Unwesen zu
treiben.Chaser, der sich vo langer Zeit in
eine dieser Teufelsbräute verliebte, ist dazu
bestimmt, den Dämon zeit seines Lebens
zu jagen. Verständlich, dass er trotz
Teletransporter und Spezialbewaffnung
denn Teufel noch nicht zur Strecke
gebracht hat.Jetzt ist der Teufel in den
Körper des Mauerblümchens Maggie
gefahren, die gerade auf dem weg
zu Roccos Geburtstagsparty ist. Aus
dem verklemmten Teenager wird schlagartig ein lüsterner
männermordender Vamp, der unter den Partygästen ein
wahrhaft teuflisches Chaos anrichtet. Aber Chaser sorgt dafür,
das Roccos Geburtstag zun unvergesslichen Erlebnis wird.*

HÖLLISCHE FREUNDIN

Verglichen mit seinem ersten Film "Vampir Party" von 1988 gelang Regisseur Dan Peterson mit HÖLLISCHE FREUNDIN ein Jahr später schon ein besseres Endresultat. Petersons Karriere als Regisseur ist recht kurz und hat einige Pausenjahre zwischen seinen Filmen vorzuweisen. Bei HÖLLISCHE FREUNDIN handelt es sich um eine CANNON GROUP Produktion mit dem Originaltitel GIRLFRIEND FROM HELL.

Die Horror-Komödie ruht sich auf allerlei Klischees aus dem Genre aus. Statt sich auf Vampire, Geister oder Monster zu beschränken, nahm man sich gleich den Teufel vor und steckte ihn in einen Frauenkörper. Gut, manche werden sagen, das ist doch passend, aber wir betrachten ja auch die Vorgehensweise und wie es filmisch rüber kommt. Nicht wie es vielleicht in der Realität ist. Die Standard Klischees:

Eine junge Gruppe von Heranwachsenden, ein wenig Sex in Form von Liebeleien innerhalb der Gruppe, eine Party im Haus und natürlich nicht zu vergessen, das Mauerblümchen. Doch genau dieses Mauerblümchen verändert sich immens - mithilfe des Teufels im Leib.

HÖLLISCHE FREUNDIN legt ein recht lahmes Tempo vor. Man versuchte in die recht simple Story einen Hauch von Situationskomik und Sprüche zu integrieren, doch allesamt sind extrem flach und die Wirkung der Pointe - sofern vorhanden - verpufft einfach in der Luft. Zu viele Szenen kennt man bereits aus anderen Produktionen. Sie sind krass gesagt ausgelutscht und durchgekaut. Kein frischer Wind oder Ideen fanden ihren Platz im Script.

Auch aufgrund der mangelnden Qualität des Drehbuchs agieren die Schauspieler dementsprechend hölzern und unmotiviert. Einziger Lichtblick ist die Verwandlung des Mauerblümchens in eine Art Vamp. Typischer Style der 80er Jahre was Klamotten und Frisuren angeht. In die Rolle der Besessenen durfte Liane Curtis schlüpfen. Als Vamp noch anschaubar, als Schüchterne eher uninteressant. Curtis drehte in ihrer Laufbahn noch Filme wie "Critters 2 – Sie kehren zurück" von 1988, "Kojak: Die Versuchung" von 1990 und "Der Totenkopfmörder" von 1992, um ein paar Beispiele zu nennen.

HÖLLISCHE FREUNDIN ist bislang in Deutschland nur auf VHS vom Label Cannon / VMP erschienen. Eine DVD Veröffentlichung ist derzeit nicht geplant. Ob es dieser Film nötig hat, digital veröffentlicht zu werden, sei mal dahin gestellt. Für hartgesottene Fans von Horror-Komödien, die auch mal den mieseren Filmen eine Chance geben wollen, ist der Streifen brauchbar. Wer jedoch gute Unterhaltung erwartet, der wird bitter enttäuscht sein.

STEFAN

Vergessen war gestern, wir sprechen darüber!

BAD BOYS

Wenn sie den Titel Bad Boys lesen und hören, denken die meisten sofort an Will Smith und Martin Lawrence, aber von dem Film dieser beiden ist hier nicht die Rede. In diesem Fall geht es um ein Drama, das sich hauptsächlich im Jugendknast abspielt und die Action eher im Hintergrund lässt. Regisseur Rick Rosenthal, den man auch als Regisseur von „Halloween II" und diversen TV-Serien der 80er und 90er Jahre kennt, zeichnete für dieses Drama aus dem Jahr 1983 verantwortlich.

In der Hauptrolle ist der junge Sean Penn in einer seiner Bestleistungen als

Schauspieler zu sehen. Penn ist mittlerweile eine Hollywoodgröße, zu seinen weiteren Filmen zählen „Die Verdammten des Krieges", „Colors – Farben der Gewalt" und „Auf kurze Distanz", um nur einige Beispiele zu nennen.

In weiteren Rollen findet man eher unbekannte Namen. Wenn man sich Bad Boys aber genauer anschaut, dann fallen einem viele Gesichter auf, die man bereits in diversen anderen Rollen und Filmen in kleinen Nebenrollen und als Statisten gesehen hat. Um gleich zu den schauspielerischen Leistungen zu kommen, muss man sagen, dass alle hier volle Leistung und vor allem

THRILLER

Glaubwürdigkeit und Realismus zeigen. Man nimmt jedem seine Rolle auf natürliche Art und Weise ab. Die Gesten, Mimik und Handlungen sind allesamt nachvollziehbar.

Bad Boys ist leider ziemlich in Vergessenheit geraten, was auch daran liegt, dass die Gesellschaft damals nicht bereit war für ein Gefängnisdrama, das sich mit Jugendlichen auseinandersetzt. Außerdem wurde der Film so gut wie nie im Free TV ausgestrahlt und auch die DVD Veröffentlichung ließ lange auf sich warten. Bad Boys besitzt eine gewisse Härte, die Gefangenen sind allesamt minderjährig und früher hatte man man die Jugend aus dieser Perspektive wohl noch nicht erlebt. Voller Wut, Hass, Verzweiflung und dem Durst nach Rache. Der Film zeigt alles: Schlägereien, Vergewaltigungen und den Handel mit im Knast illegalen Sachen wie Drogen und Zigaretten.

STEFAN

Bad Boys zeigt dem Zuschauer auch die Menschen außerhalb der Gefängnismauern. Die Freunde und Familie derjenigen, die sich bereits hinter Gittern befinden. Man sieht den Weg in den Knast, bestraft für Taten, ausgelöst durch Hass, Gewalt, Vergewaltigung und Rache an den Menschen, die ihnen weh getan haben. Der Unterhaltungswert des Film ist sehr hoch, denn obwohl er eine Laufzeit von knapp zwei Stunden besitzt, vergeht die

Zeit wie im Fluge. Man könnte sagen, er hätte ruhig noch länger sein können, denn man verliert total das Zeitgefühl. Laufend passieren Dinge - sei es im Knast oder außerhalb - die alle zur Geschichte passen und sie passend ergänzen und erweitern.

Bad Boys gibt es auf VHS und DVD. Bei der DVD sei gesagt, das man zu der Version des Labels „Kinowelt" greifen sollte. Das Bild und der Ton sind um Weiten besser und vor allem ist der Streifen da auch noch ungekürzt. Die fehlenden Stellen sind nachträglich wieder eingefügt worden, sind im Originalton belassen und mit deutschen Untertiteln versehen worden. Fazit: Wer ein Gefängnisdrama mit hochkarätigen schauspielerischen Leistungen sowie einer gewissen Spannung und Härte erleben möchte, der sollte sich Bad Boys zulegen und ansehen.

VHS NEVER FORGET

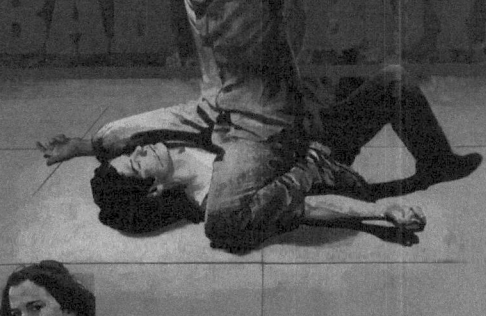

Es gibt nur noch einen, der glaubt, daß Mick O'Brien es schafft … Mick O'Brien.

THORN EMI FILMS präsentiert eine ROBERT SOLO Production
SEAN PENN · BAD BOYS · RENI SANTONI
JIM MOODY und ESAI MORALES Musik BILL CONTI
Drehbuch RICHARD DILELLO Produzent ROBERT SOLO Regie RICK ROSENTHAL

Ein eiskalter THRILLER, der direkt unter die Haut geht

Vergessen war gestern, wir sprechen darübe

Hinter dem Titel "Das Auge des Killers" von 1987 verbirgt sich ein recht unbekannter Film. Man kann ihn ohne Schwierigkeiten als kleine Perle des Thriller-Genres bezeichnen. Jedoch muss man sich mit der Machart des Regisseurs auseinandersetzen. Donald Cammell legt hier eine Mischung aus Arthouse und dem typischen Design der 80er vor die Kamera. Dies birgt ein paar Gefahren beim Zuschauer: Manche lassen sich von wirren Ideen und Mischungen abschrecken, doch wer dran bleibt und sich der Story hingibt, bekommt ein fettes Dankeschön auf dem Silbertablett serviert.

Im ersten Drittel von "Das Auge des Killers" bekommt man recht schnell den Eindruck vermittelt, es handle sich um einen reinen 80s Slasher. Regisseur Cammell setzt auf Flashbacks, um den Zuschauer einerseits mehr über die einzelnen Charaktere zu informieren, ihnen mehr Tiefe zu geben, andererseits nutzt er sie auch, um sein Publikum zu verwirren. Diese Methode gelingt ihm recht gut und der Anspruch der Story ist hoch. Die Flashbacks sind in einem grobkörnigen Stil gehalten, was den Anschein von Träumen erweckt und von Erinnerungen der einzelnen Charaktere.

"ICH VERSTEHE NICHTS VON PICASSO. ICH BIN MEDIZINER UND KEIN HIPPIE."

Untermalt wird der Film mit einem wohlklingenden Soundtrack - gekonnte Abwechslung von Country-Klängen, Klassikern der 80er und einfache Percussions, die sich ins Trommelfell hämmern. Die Ausdrucksstärke der gezeigten Bilder wird dadurch immens gesteigert.

STEFAN

Ein eiskalter THRILLER, der direkt unter die Haut geht

man den Killer meist nur teilweise oder aus der die Taten aus seiner Perspektive. Nun ist der Mörder den Zuschauern bekannt, doch das hindert ihn nicht daran sein Psycho-Spiel weiter zu spielen.

Leider bleibt der Film dem Zuschauer einige Antworten auf aufgetauchte Fragen schuldig. Es wäre zumindest ansatzweise interessant gewesen, was den Killer dazu bewegte, seine Morde zu begehen. Darauf wird leider nicht eingegangen. Auch die lange Laufzeit von fast zwei Stunden ist ein kleines Manko, das die Aufmerksamkeit des Zuschauers auf die Probe stellt. Durch die wilden Sprünge und Flashbacks verliert man recht schnell den Überblick und muss zweimal hinsehen, um zu erkennen, was gerade passiert oder bereits passiert ist.

Der Mittelteil von DAS AUGE DES KILLERS ist eher im Drama-Genre einzuordnen. Der Zuschauer bekommt ein paar mehr Eindrücke von den einzelnen Bewohnern des kleinen Dorfes in der Wüste Arizonas. Hinzu kommen Einblicke in die Ermittlungsarbeiten der Polizei, die auf der Jagd nach dem Mörder ist. Doch diese ruhigen Passages werden durch das Finale zu einem krönenden Abschluss gebracht. Der Psycho-Trip des Mörders geht in die entscheidende Phase. Auch wird die Gewalt-Schraube - vor allem in der Darstellung - nochmals angezogen. Zuvor sah

VHS
NEVER FORGET

★ THRILLER ★

Vergessen war gestern, wir sprechen darüber!

ACTION

Um seinen japanischen Meister zu ehren, der ihn als Jungen die asiatische Kampfkunst gelehrt hat, will der Amerikaner Frank Dux an den geheimen Kumite-Weltmeisterschaften in Hongkong teilnehmen. Dort freundet er sich mit einer Journalistin und einem amerikanischen Mitstreiter an. Durch seine disziplinierte und traumwandlerisch sichere Kampfweise weiß er seine Konkurrenten zu beeindrucken und kann nach einem dramatischen Finale gegen den ultrabrutalen Favoriten aus Korea als erster Weißer den Wettkampf gewinnen.

BLOODSPORT

Bloodsport oder mein liebster Kinderfilm von Kristijan Skrobo a.k.a Skrobocop

Als ich von Stefan gefragt wurde, ob ich nicht mal einen Artikel für die Video Freaks-Ausgaben beisteuern möchte, musste ich nicht lange nachdenken. Deshalb gibt es in Ausgabe 7 von mir zwei Beiträge: Kuffs und Immortal Combat.

Als ich jedoch hörte, dass er mehrere Spezial-Ausgaben zu Cannon Filmen plant, habe ich mich förmlich aufgedrängt. Ich könnte zu so ziemlich allen Cannon Filmen etwas schreiben, aber es gibt da zwei, zu denen ich ihn regelrecht angefleht habe. Diese Artikel musste ich schreiben, weil das für mich richtig prägende Filme sind.

Der wichtigste Film meiner Kindheit - der meine Liebe zu Filmen im allgemeinen gestartet, zu Actionfilmen im speziellen geweckt und mich zu einem lebenslangen Van Damme Fan gemacht hat - ist Bloodsport!

KRISTIJAN

Man kann jetzt sicherlich über die Erziehungsmethoden meines Vaters streiten (Gott hab ihn selig), aber meine erste Filmerinnerung ist, dass ich Bloodsport gemeinsam mit ihm im Fernsehen auf Tele5 gesehen habe. Da müsste ich so ungefähr 7 Jahre alt gewesen sein.

Wer hat Sie nicht, diese Erinnerungen, die einen mit seinem Vater verbinden? Als man zusammen Filme geschaut hat. Mit meinem Vater habe ich tolle Sachen gesehen. Von Bud Spencer und Terence Hill-Filmen über klassische Western und die grandiosen 80er Actionfilme.

Aber Bloodsport hatte sich sofort in meinem Gedächtnis festgebissen. Das Bild, wie Bolo Yeung seinem Gegner das Bein bricht, die Schreie von Van Damme, sein Spagat, die Sprüche von Jackson - das alles hatte unfassbaren Einfluss auf einen kleinen Jungen und waren Dinge die ich nie vergessen habe oder je vergessen könnte.

Dazu das Setting in Hongkong, das für einen kleinen Jungen so unfassbar exotisch und weit weg war. Dieses geheime Turnier, die Einblendung das es sich um eine wahre Geschichte handelt, das alles hatte schon beinahe eine mystische Wirkung auf mich.

Das abwechslungsreiche Konzept mit den einzigartigen Kämpfern und Kämpfen lässt den Film auch heute noch so unglaublich kurzweilig wirken. Das alles noch weit, bevor an die UFC überhaupt gedacht wurde. Da gab es die Karatetypen, die Boxer, den Sumoringer, das Äffchen usw.

Was liebe ich diesen Film immer noch, mindestens einmal im Jahr landet der im Player. Van Damme war jung, sympathisch und unfassbar athletisch, Bolo war einfach unfassbar imposant. Der Mann bestand quasi nur aus Brustmuskeln und

war der perfekte Bad Guy. Und dann war da noch Jackson, gespielt von Donald Gibb. Er ist der perfekte, raue, sympathische und extrem witzige Sidekick von Van Damme.

Hier hat wirklich einfach alles gepasst in Sachen Casting, Action und Musik. Ein Film, auf den zuvor keiner einen Pfifferling gesetzt hatte, wurde zu einem riesigen Erfolg und Klassiker! Man muss auch sagen, dass der Titel zum damaligen Zeit einfach das perfekte Marketinginstrument war. Bloodsport!

Bloodsport und die Cannon Ära erinnern mich an eine tolle Zeit. An eine unschuldige Zeit meiner Filmliebe. Es gab kein Internet, Filme wurden auf ausgenudelten VHS auf dem Schulhof getauscht und besprochen und an Filmbewertungen in Notenform war noch gar nicht zu denken.

CYBORG

In der Welt nach dem atomaren Overkill sind die wenigen Überlebenden von einer tödlichen Seuche bedroht. Die "Letzten der Alten Welt" schicken einen weiblichen Cyborg, ein halbelektronisches Zwitterwesen, um das rettende Serum zu besorgen. Die "Piraten" unter der Führung des grausamen Fender sind ebenfalls an dem Heilmittel interessiert. In ihren Händen würde es die Zementierung der herrschenden apokalyptischen Zustände garantieren. Das glückliche Ende der Mission des Cyborgs wird durch Gibson, den "Slinger" (Revolvermann) ermöglicht. Gibson hatte noch eine private Rechnung mit Fender, der seine Frau und deren Kinder töten ließ, offen. Dabei findet er sogar seine totgeglaubte Stieftochter wieder.

Vergessen war gestern, wir sprechen darüber!

Cyborg oder wie sich ein 10-jähriger die Zukunft vorstellte von Kristijan Skrobo a.k.a Skrobocop

Ich erinnere mich noch ziemlich genau, als ich das erste mal Cyborg sah. Zu dem Zeitpunkt war Bloodsport mein Lieblingsfilm, auch Double Impact liebte ich, aber von Cyborg hatte ich noch nie etwas gehört.

Mein Cousin brachte ihn aus der Videothek mit und meine Güte, hat der mich damals weggeblasen. Ich muss auch gestehen - bis dahin kannte ich gar keine postapokalyptischen Filme.

Ich hatte - ohne Internet und ohne Ahnung - keine Vorstellung, was mich da erwarten würde. Und vor allem hatte ich meinen Helden Van Damme in so etwas nicht erwartet.

Alleine schon das Voice Over zu Beginn und das Matte Painting. Natürlich sieht das inzwischen etwas altbacken aus, aber verdammt nochmal ein gutes Matte Painting ist Kunst und ich würde das jedesmal einer künstlichen CGI-Welt

vorziehen.

Dazu die Slinger, die Piraten, Fender und seine Gang, die Siedlungen. Natürlich merkt man dem Film das überschaubare Budget an, aber er schafft es mit viel Liebe und Kreativität eine Welt zu erschaffen, die in sich stimmig und überzeugend ist. So etwas musste einen damals 10-jährigen mehr als nur faszinieren.

Die Produktionsgeschichte sollte ja jedem inzwischen bekannt sein. Aus den Kostümen und Sets eines nicht entstandenen Spider-Man Films und der ebenfalls unrealisierten Fortsetzung von Masters of the Universe, entstand ein Klassiker, den keiner so richtig auf dem Zettel hatte.

Ich muss ja auch zugeben: Ich habe eine Schwäche für das Werk von Albert Pyun. Der Mann hat mit verrückten Einfällen aus sehr wenig, sehr viel gemacht und die Welt, die hier durch reine Kreativität geschaffen wurde, braucht sich vor anderen höher budgetierten Filmen nicht zu verstecken.

KRISTIJAN

Vergessen war gestern, wir sprechen darüber!

Die Story ist da vollkommen nebensächlich und nur Mittel zum Zweck, aber die Sets und die Charaktere machen diesen Film aus und zu etwas Einzigartigem.

Alleine schon Fender und seine Gang. Es gibt nicht wirklich eine Motivation für ihr Handeln, außer das er Macht besitzen möchte und die Welt brennen sehen will. Dabei grunzt und overacted er sich durch diese Welt, dass es eine pure Freude ist. Und als Kind fand ich ihn damals verdammt einschüchternd. Heute finde ich ihn einfach nur grandios.

lich amüsieren, was dem Spaß am Film aber keinen Abbruch tut.

Er überzeugt auch nach Jahren immer noch durch stimmige, düstere Atmosphäre und das kurzweilige, hohe Tempo. Szenen wie die Kreuzigung, sind auch nach knapp 30 Jahren immer noch eindrucksvoll, hart und auch etwas verstörend.

Van Damme war damals noch nicht so erfahren und gut als Schauspieler, aber auch hier wirkt er - bis auf die Szenen mit der schrecklichen Perücke - einfach extrem

Auch der deutsche Exportschlager Ralf Möller darf mit fiesem Minipli mitspielen, bekommt aber einen der beeindruckendsten und den visuell am stärksten wirkenden Abgang aller Zeiten spendiert.

Der Endfight ist so over the top, diese Grunz-Show und das permanente Anspannen der Muskeln, inzwischen kann ich mich darüber einfach nur noch herr-

sympathisch.

Danke an meinen Cousin, der sich damals einen Dreck um den Jugendschutz scherte. Danke Iko!

VHS
NEVER FORGET

Der australische Regisseur Richard Franklin („Patrick", „Psycho II") drehte mit „Link, der Butler" im Jahre 1986 eine Mischung aus Tierhorrorfilm und -Psycho-Thriller in britisch-US-amerikanischer Koproduktion. Im Vertrieb von CANNON FILMS wurde der Film dem breiten Publikum zugänglich gemacht.

LINK, DER BUTLER bietet eine interessante und zugleich spannend inszenierte Geschichte mit der Thematik der Affen in einem Horrorfilm. Anders als z.B. SHAKMA baut sich die Atmosphäre, die Bedrohung durch die Veränderung des Affens kontinuierlich auf. Auch die Charakterdarstellung erweist sich als atmosphärisch und lässt sich Zeit dem Zuschauer die einzelnen Protagonisten näher kennen zu lernen.

In der zweiten Hälfte des Films zeigt LINK sein wahres Gesicht und die Spannungsschraube wird deutlich angezogen. Tier-Horror vom Feinsten wird dann dem Zuschauer geboten. Auch wenn man viele Handlungsabläufe, Szenenfolgen schon aus anderen Genre-Vertretern kennt, so wirkt LINK in keinster Weise stupide kopiert. Eine packende Hetzjagd durch das Herrenhaus, kriechen durch die Lüftungsschächte und Scheiben die zerbersten werden dem Zuschauer gekonnt in Szene gesetzt präsentiert. Die vorhandene Intelligenz eines Affen wurde jedoch hier nur ansatzweise verwendet, mehr raffinierte Vorgehensweisen des Affens wären sicherlich noch interessanter gewesen. Dennoch ist LINK, DER BUTLER spannend und sehr unterhaltsam. Für Tier-Horrorfans sowieso eine Sichtung, Empfehlung wert. Auch wenn sich die erste Hälfte des Films mit ein paar Längen und Dialoglastigen Szenen herum kämpfen muss.

Ray Berwick, ein renomierter Tier-Dresseur aus Hollywood der auch schon für Alfred Hitchcock seinen Klassiker DIE VÖGEL zur Seite stand, war in LINK, DER BUTLER für die Szenen mit dem Affen verantwortlich. Sein Talent, die Geduld und jahrelanges Training eines Tieres zahlt sich aus und LINK zeigt hier eindrucksvoll sein erlerntes Repertoire. Dem Affen möchte man nicht auf dem falschen Fuß erwischen!

STEFAN

THE KOKURYUKAI PRESENTS

WORLD'S GREATEST WARRIORS FIGHT IN A BATTLE TO THE DEATH

KUMITE 血嬉

FINALE OF THE THREE DAY OPEN WEIGHT TOURNAMENT

NO HOLDS BARRED FIGHT TO THE DEATH!

FRANK DUX 🇺🇸 VS 🇰🇷 CHONG LI
CHALLENGER   CHAMPION

| SAT 22ND FEB | SEATING IS RESERVED | PRICES STARTING AT $50 |
| HONG KONG UNDERGROUND ARENA | DOORS OPEN 8:00PM | PLUS OTHER GREAT FIGHTS |

Erotik

STEFAN

Der israelische Regisseur Amos Kollek drehte 1989 das spannende Erotik-Thriller-Drama DEATH STRIP. Der alternative Filmtitel lautet HIGH STAKES. Bedenkt man, dass es sich bei diesem Film um ein sehr frühes Werk von Kollek handelt, so erkennt der Cineast das der Regisseur ein Händchen hat, um seine Darsteller zu guten Leistungen zu bewegen. Hinzu kommt, dass er auch bereit ist, viele Szenen mit einer besonderen Härte auf Film zu bannen.

Bei DEATH STRIP begleitet der Zuschauer Hauptdarstellerin Sally Kirkland - die zu den Dreharbeiten schon knappe 48 Jahre alt war - auf ihrem Weg, sich gegen die Mafia zu stellen, um ihre Tochter zu retten. Die Story ist simpel und einfach gestrickt. Dennoch ist der Film sehr spannend und abwechslungsreich inszeniert worden. Im Verlauf der Story tauchen zahlreiche Wendungen auf, die den Spannungswert deutlich steigern. Dazu ein paar Szenen, die einen Hauch Erotik versprühen, nicht

zuviel und auch nicht zu wenig. Immerhin handelt es sich hier um eine ältere Stripperin, die im verruchten Gewerbe erstmal richtig aufräumt.

Wer genauer hinsieht wird die Schauspiel-Tochter im Film erkennen: Es handelt sich um Sarah Michelle Gellar, die zur Zeit des Drehs süße 12 Jahre alt war. Hier sieht man sie also als kleines Kind, bevor sie Jahre später mit der TV-Serie BUFFY ihren Durchbruch als Schauspielerin hatte. In einer weiteren Rolle taucht Schauspielerin Kathy Bates auf. Sie kennt man vor allem aus zahlreichen Spielfilmen und TV-Serien.

DEATH STRIP ist spannend, abwechslungsreich und kaum vorhersehbar. Somit hebt er sich von anderen Thrillern mit der Stripper-Thematik deutlich ab. Leider ist er bislang nur auf VHS vom Label VMP erschienen.

DEATH STRIP

Menahem Golan und Yolam Globus über-
nahmen 1987 die Produktion des Actiondra-
mas OVER THE TOP mit Sylvester Stallone
in der Hauptrolle.

Die beiden Trash-Ikonen der berühmt-be-
rüchtigten Independent-Schmiede Cannon Films - wobei Golan hier sogar selbst
Regie führte, was eher seltener vor kam
- zeugten ein „Baby", welches bis heute stark polarisiert. So hebt sich der Film
zum Einen von der Mehrzahl der brutalen
Cannon-Gewaltopern ab, bietet vielmehr
„Coming-Of-Age"-Dramatik neben kitschi-
ger Trucker-Romantik und überstilisierter
Selbstfindungsreise im Sportfilmgewand.
Das behandelte Armwrestling-Thema ist
hier eigentlich nur Mittel zum Zweck, um
ein für die 1980er Jahre typisches, reaktio-
näres Macho-Männerbild zu vermitteln. So
gesehen und pseudomoralisch einzuordnen, wie die bereits o.a. Action-Eskapaden
mehrerer Zugpferde von CANNON, wie
Michael Dudikoff oder Chuck Norris. Und
hier kommt der gravierende Unterschied ins
Spiel: Die Erzeugung und der Transport von

sentimentalen Emotionen, welche in MIS-
SING IN ACTION oder AMERICAN FIGHTER
keinen Platz hatten. So schickten Golan/
Globus Sylvester Stallone ins Rennen, um
ihren „Familienfilm" mit Herz UND Härte zu
tragen.

Der muskelbepackte, stille Einzelgänger,
Trucker und Armdrücker Hawk soll seinen
Sohn vom Internat abholen und mit seinem klapprigen, rostigen, alten Lastwagen
zu seiner Mutter (Susan Blakely) bringen,
welche schwer an Krebs erkrankt, den Tod
erwartet. Diese erhofft sich außerdem,
dass sich Vater und Sohn auf dem Roadtrip
endlich richtig kennen und vielleicht sogar
lieben lernen, weil die Trennung der Eltern
bereits in früher Kindheit des Teenagers
erfolgte.
Michael trägt den Mädchennamen seiner
Mutter, Cutler, wobei wir beim Hauptanta-
gonisten der „Dramahälfte" von „Over The
Top" wären, nämlich Michaels Großvater,
welcher von Robert Loggia verkörpert wird
und als reicher, arroganter und herzlos-un-
sympathischer Macker, den perfekten

Gegenpart zu Sly's hartem Underdog mit weichem Kern bildet. Sohn Michael, gespielt von David Mendenhall, steht bis heute auf diversen Nerdlisten weit oben, was nervige Filmkinder betrifft. Sein anfangs durch den strengen Opa und die elitäre Militärschule geprägter, empathisch gestörter und unangenehm versnobter Charakter wandelt sich zwar im Laufe des Streifens, kann aber mitnichten über das durchgehende Overacting des Jungschauspielers hinwegtäuschen. Sowieso ist das Spiel des gesamten Casts des Familienverbundes Hawk/Cutler auf einem einzigen, kitschigen Klischee aufgebaut, was aber widerum in den Gesamtkontext des Films passt, dessen Titel bereits unmissverständlich die Marschrichtung vorgibt.

Rick Zumwalt, welcher sich als Bull Hurley (Hauptantagonist der „Actionhälfte") quasi selbst spielt.

Untermalt wird der cineastisch wahrgewordene „American Dream" von schmalzig-pompösen Rocksongs, dargeboten von macho-männlichen Ikonen wie Sammy Hagar oder Robin Zander, welche sich absolut passend in Giorgio Moroders ähnlich situierten Score einfügen.

Erwähnenswert sind noch die Auftritte der eigentlichen Nicht-Schauspieler, wie dem WCW-Profiwrestler Terry Funk und dem mehrfachen Armdrücker-Champion

Summa summarum lässt sich konstatieren, dass OVER THE TOP aus heutiger Sicht zwar tief im nostalgisch-retroesken Special-Interest-Sumpf steckt, in seiner Entstehungsära aber zeitgeistig passte, in seinen Stilmitteln wie aus einem Guß gefertigt wurde und sich dadurch einen unbestrittenen Kultstatus der Einzigartigkeit erarbeitet hat, was auch den Fakt trägt, dass dieser etwas untypische CANNON-Vertreter zwar damals im Kino floppte, jedoch im Laufe der Zeit ein Megaseller im Leih,-oder Kaufsegment der Videotheken wurde und bis heute zu Recht als liebenswerter Vintage-VHS-Klassiker gilt, welcher absolut Spaß macht, wenn man(n) „drauf steht".

JOHNNY

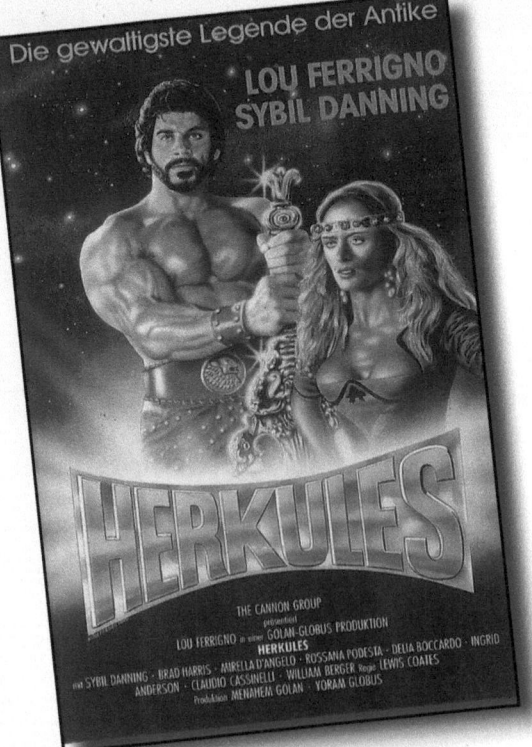

HERKULES

Seit das Zerbrechen der Büches der Pandora das Universum, wie wir es kennen, mit Ordnung und Chaos formte, überwachen die Götter vom Mond aus das Geschick der Menschen. Zeus erschafft einen seiner Söhne aus reinem Licht, doch der Königssohn verliert noch im Säuglingsalter seine Eltern und wird auf einem Fluß von seiner Amme ausgesetzt. Von einem kinderlosen Pärchen aufgezogen, macht er sich nach auch deren Ermordung auf den Weg, um sein Schicksal zu finden. Der Weg führt Herkules nach Troja, wo er alle ihm gestellten Prüfungen besteht und das Antlitz der schönen Kassiopeia als erster Mann erschaut. Doch Zeus trennt die beiden wieder und Kassiopeia soll im kretischen Königreich des fiesen König Minos dem Phönix geopfert werden. Selbstverständlich können Herkules weder Ketten, noch riesige Monstren, noch irgendwelche Zauberflüche aufhalten, um seine Holde zu retten...

Herkules (Lou Ferrigno), der so stark wie hundert Mann war, wurde aus dem Himmel von Zeus geschickt, um den König Minos und seine böse Tochter Arianna (Sybil Danning) zu bekämpfen, die die ganze Menschheit unterwerfen wollen. Unter den Menschen beeindruckt Hercules König Augelus durch seine Kraft und so gibt ihm dieser die Ehre, der Vormund seiner Tochter Cassiopeia zu sein. Hercules muss seine Aufgabe erfüllen und fabelhafte Abenteuer als unbesiegbar Held im Kampf gegen Arianna und König Minos erleben.

Ich liebe die Filme von Cannon und den Wagemut von Golan und Globus. Sobald sie ein Geschäft gerochen haben, stürzten sie sich mit Enthusiasmus und begrenztem Budget in das nächste Abenteuer.

So auch nach dem Erfolg von Arnie mit seinen Conan Filmen. Da versuchte man schnell auf den Zug aufzuspringen und verpflichtete Lou Ferrigno. Das ist alles so übertrieben und wild, dagegen wirkt Conan der Zerstörer wie Hamlet.

Das ursprüngliche Script war wohl härter, blutiger und mit mehr Sex versehen gewesen zu sein, bis Lou Ferrigno sein Veto einlegte. Er wollte einen familienfreundlichen, schon eher einen Kinderfilm und dieser Auftrag wurde bis zum Exzess umgesetzt.

Eins kann man Regisseur und Drehbuchautor Luigi Cozzi nicht vorwerfen: Einen Mangel an Fantasie. Hat er doch mit Star Crash und Hercules zwei der schrillsten Trashspektakel aller Zeiten hingelegt.

Übrigens kann ich - erlaubt mir den kurzen Einschub - die Hercules Bonus DVD des KOCH Media Mediabooks nur empfehlen. Das Interview mit ihm zur Entstehung von Hercules und dessen Fortsetzung ist köstlich und wunderbar informativ.

Aber wieder zurück zum Film. Alleine der Beginn schon - das ist surreal, unfassbar traurig, witzig und irgendwie auch faszinierend. Die Erzählung, die Entstehung des Weltraums, Pandoras Box (eher Vase), Zeus mit seinen zwei Göttinnen und seinem billigen Bart sowie Perücke.

Der Film hatte wohl sogar ein „OK"-Budget, aber die Tricktechnik sieht aus wie bei einem Sandalenfilm der 20 bis 30 Jahre älter war. Alleine diese mechanischen Monster sind herrlich unwirklich.

Aber da sind noch viele Highlights zu nennen. Der Regenbogen, über den gelaufen wird, die ganzen Outfits (der Badeanzug von Genre-Ikone Sybil Danning, bei der die ganze Zeit die Gefahr besteht das sich die Glocken selbstständig machen) oder die theatralische Musik.

Natürlich muss auch der Kampf gegen den Bären erwähnt werden. Unfassbar schlecht das Ganze und die Idee, dass Hercules einfach so ziemlich alles in den Weltraum wirft, ich musste so lachen. Eins muss man dem Film lassen - Er macht super gute Laune.

Um Geld zu sparen wurden nicht nur in die Bärenszene, sondern auch in andere (vor allem Massenszenen) Stock Footage-Sequenzen reingeschnitten. Gehörte bei Cannon halt auch irgendwie dazu.

KRISTIJAN

Vergessen war gestern, wir sprechen darüber!

Und durch den ganzen Film hindurch spielt Ferrigno total steif und gutmütig. Man kann ihm auch einfach nicht böse sein. Körperlich war der Mann in unfassbarer Verfassung, was der da an Muskeln präsentiert ist unglaublich. Sybil Danning glänzt durch ihre Outfits und Brad Harris lässt sein Charisma aufblitzen. Highlight ist für mich das Overacting von William Berger der sich dem Ton des Films perfekt anpasst.

Die goldenen Himbeeren für Ferrigno und Danning sind etwas überzogen, der Film hätte das alles verdient.

Das ganze ist ein Film, den man ohne Sorgen seinen kleinen Kindern zeigen kann. Das ist so bunt und so überdreht, da werden die Kids ihre Freude haben und Erwachsene werden sich fragen, welche Drogen damals im Spiel waren.

Fazit: Hercules ist ein kunterbuntes, unfassbares Trash-Spektakel, eigentlich ein Kinderfilm mit einem einzigartigen Look und irren Ideen! Ich hatte viel Spaß mit dem Film!

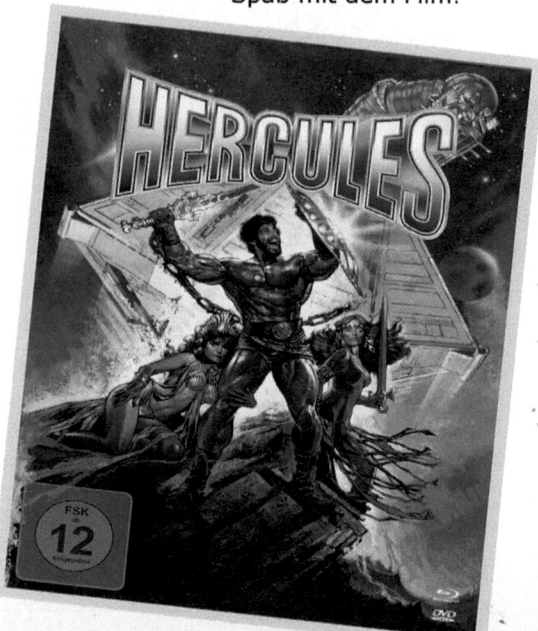

Vergessen war gestern, wir sprechen darüber!

SYLVESTER STALLONE

OVER THE TOP

ITALIAN INTERNATIONAL FILM presenta

una esclusiva CANNON GROUP INC. una produzione GOLAN-GLOBUS un film di MENAHEM GOLAN

SYLVESTER STALLONE

"OVER THE TOP" e con ROBERT LOGGIA · SUSAN BLAKELY · DAVID MENDENHALL

PRODUTTORE ASSOCIATO TONY MUNAFO · MUSICA DI GIORGIO MORODER · MONTAGGIO DI DON ZIMMERMAN A.C.E. · DIRETTORE DELLA FOTOGRAFIA DAVID GURFINKEL · PRODUTTORE ESECUTIVO JAMES D. BRUBAKER

SCENEGGIATURA DI GARY CONWAY · DAVID C. ENGELBACH · SOGGETTO DI STIRLING SILLIPHANT · SYLVESTER STALLONE · PRODOTTO DA MENAHEM GOLAN · YORAM GLOBUS · DIRETTO DA MENAHEM GOLAN

CANNON   OVER THE TOP è PUBBLICATO IN ITALIA DA SPERLING & KUPFER   itf

Die MISSING IN ACTION-Trilogie (1984-1988)
oder: Die Geburtsstunde der Ein-Mann-Armee Chuck Norris!

Wir befinden uns in den frühen 1980er Jahren. CANNON FILMS, unter der Leitung der Cousins Mena-hem Golan und Yoram Globus, hat sich bereits als verlässlicher Lieferant für kostengünstige Genre-Filme etabliert. Mit einem regen Output an Slasher-Filmen, Ninja-Flicks und Rache-Streifen, erzielten die windigen Produzenten hohe Gewinne auf dem boomenden Videomarkt. Nicht umsonst verbindetman das umtriebige Studio automatisch mit reißerischer Video-Ware, denn niemand anderes als CANNON hat die Videotheken-Kultur dieser Dekade so massiv geprägt.

Auftritt: Chuck Norris

Wenn man heute einen Schauspieler mit der kontroversen Filmschmiede verbindet, dann dürfte es wohl der passionierte Bartträger und Karatekämpfer Chuck Norris sein. Der 1940 geborene Kampf-sportler feierte bereits in den 1970ern erste Erfolge, nicht zuletzt durch seinen denkwürdigen Auftritt als Gegner von Bruce Lee in DIE TODESKRALLE SCHLÄGT WIEDER ZU (1972). Anfangs war Norris an einer Filmkarriere nicht sonderlich interessiert, wurde aber von Hollywood-Ikone Steve McQueen dazu ermutigt, den Weg in Richtung Traumfabrik einzuschlagen.

CHRISTOPHER

Der überzeugte Republikaner war in den folgenden Jahren in einigen günstig produzierten Actionfilmen zu sehen, die ihr Augenmerk vor allem auf die Kampfkünste ihres Hauptdarstellers legten. So entstanden Werke wie BREAKER, BREA-KER (1977), BLACK TIGERS (1978) oder KALTE WUT (1982), in denen sich Chuck durch die immer glei-chen Handlungsmuster prü-geln durfte. Seinen vorläufigen Höhepunkt erreichte er in dem - von Ste-ven Carver inszenierten - Karate-Western McQUADE, DER WOLF (1983) an der Seite von David Carra-dine und Barbara Carrera. Doch Norris wollte mehr, weg vom stupiden Kampfsport-Image in dritt-klassigen Produktion, hin zu großen Kinofilmen.

Das kam Golan und Globus gerade recht, die zu die-ser Zeit produzierten, was nicht niet- und nagelfest war und langsam damit begannen, sich eine dau-erhaft beschäftigte Personalriege aus Newcomern und abge-halfterten Ex-Stars aufzubauen, die sie mit ihren Produktionen beackern konnten.

Über Regisseur Lance Hool wurde Kontakt geknüpft und prompt bekam Norris einen Vertrag über fünf Filme, der ihm eine Million US-Dollar pro Produktion einbrachte - ein ziemlich guter Deal. Chuck Norris sollte in den Folgejahren zu einem der Aushänge-schilder von CANNON werden. Zum Sinnbild für toughe Actionfil-me, die auch heute noch auf eine große Fangemeinde verweisen können.

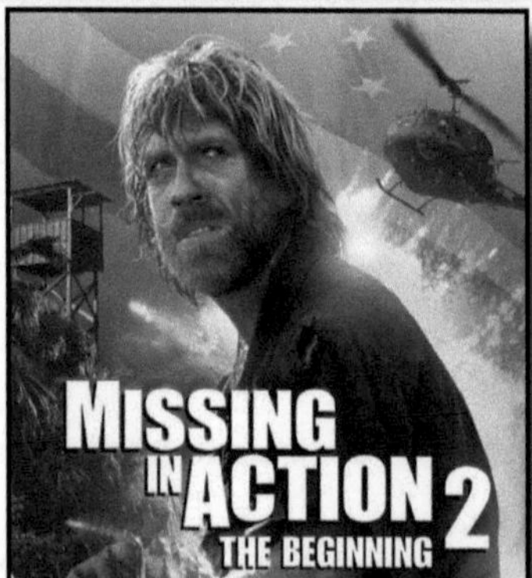

Vom Karate-Ass zum RAMBO-Plagiat: MISSING IN ACTION (1984)Im Jahr 1984 kam es dann schließlich zu der erfolgreichen Symbiose zwischen Studio und Hauptdar-steller, aus der gleich zwei Filme auf einmal hervortraten. Ur-sprünglich wurde - der als Prequel ver-marktete - MISSING IN ACTION 2: THE BEGINNING (1985) zuerst realisiert. Unter der Regie von Lan-ce Hool sollte das „Prisoners of War"-Vehikel als Auftakt der Reihe in die Kinos gebracht werden. Doch bei Testvorführungen kam der Streifen nicht sonderlich gut an. Golan und Globus, die dafür be-kannt waren, ihre Regisseure einfach machen zu lassen, waren dermaßen unzufrieden mit dem ferti-gen Film, dass man einen Flop befürchtete. Zum Glück hatte Joseph Zito bereits das Sequel abge-dreht, der bei den Kult-Produzenten bedeutend mehr Anklang fand. Um dem eigentlichen ersten Teil, trotz mangeln-der Qualität, eine Plattform zu bieten, entschied man sich dafür, die beiden Filme in umgekehrter Reihenfolge zu veröffentlichen. Besonders förderlich war dabei, dass zum Zeitpunkt des Drehs, das Skript zu RAMBO II – DER AUFTRAG (1985) in Umlauf war, an dessen Story man sich fix bedient hatte.

Der Film handelt vom Kriegs-veteran Col. James Braddock (Chuck Norris), der nach langer, grausamer Ge-fangenschaft in Vietnam immer noch traumati-siert ist. Nach anfänglichem Zögern, nimmt er schließlich das Angebot an, bei einer Friedensver-handlung im ehemaligen Kriegsgebiet dabei zu sein, bei der mit dem Gerücht aufgeräumt werden solle, es befänden sich immer noch amerikanische Sol-daten in geheimer Haft.

Braddock glaubt fest daran, dass die Vi-etnamesen ein falsches Spiel spielen und bricht gemeinsam mit seinem alten Kumpel Tuck (M. Emmet Walsh) in den Dschungel auf, um die Gefangenen zu suchen und zu befreien, während ihre Verfolger ihnen dicht auf den Fersen sind, die die Enthüllung um jeden Preis verhindern wollen.Obwohl MISSING IN ACTION (1984) vor Sylvester Stallones zweitem Einsatz als Kampfmaschi-ne in dieLichtspielhäuser kam, lässt sich die kostengünstig realisierte CANNON-Produk-tion als einwandfreies Rip-Off bezeichnen, das ganz im Zeichen der Reagan-Ära der 1980er Jahre steht.

Der Film zeichnet ein sehr einseitiges Bild des damaligen politischen Konflikts zwi-schen den USA und Vietnam. Wäh-rend die Amerikaner - besonders Norris' Figur - als rechtschaffene Helden verklärt werden, sind ihre Filmgegner schlitzohrige, grausame Verbrecher, die - ohne ersichtlichen Grund -

immer noch Vetera-nen unter schlimmsten Bedingungen im Dschungel verwahren.

Die Vietnamesen sind durch die Bank niederträchtige Barbaren, denen jegliche Menschlichkeit abhandengekommen zu sein scheint. Natür-lich eine leichte Vorlage, um Braddock mit gezückter Knarre wüten zu lassen. Dass die Story dabei selbstredend dünn ist, schadet dabei nicht wirklich. Die Dialoge sind spärlich, die Schauspieler größ-tenteils uncharismatisch, der reaktionäre

Grundton schwappt dabei aus nahezu jedem Frame. Werke aus dem Hause CANNON

besonders die Actionfilme -waren nie sonderlich anspruchsvoll, sondern setzten ganz auf effekthaschende Unterhaltung - je reißerischer desto besser. Da fällt es schon etwas negativ auf, dass die Action nur so mittelprächtig daherkommt. Während Nor-ris mit steinerner Mime den idealen B-Rambo gibt, sind die aufregenden Szenen aus heutiger Sicht etwas hüftsteif ausgefallen. Nach dem durchaus knackigen Prolog, passiert erstmal eine ganze Zeit nicht so wirklich viel, bevor Braddock samt Kumpel und High-End-Floß in die grüne Hölle aufbricht.

Dazwischen gibt es immer wieder ein paar halbgare Mordanschläge, die allerdings schnell und schmerzlos vereitelt werden. Erst am Ende dreht Regisseur Zito so richtig auf und frönt ausgiebig der Pyro-Technik. Auch Norris darf regen Gebrauch von seinem Maschinengewehr machen und wie in Stein gemeißelt einen überaus ikonischen Shot absolvieren (Kenner wissen,

was ich meine). Doch um100 Minuten lang zu unterhalten, ist der Streifen etwas zu langatmig und streckenweise schlicht zu langweilig.

Immerhin der schmierige Low-Budget Charme sorgt für ein wohliges Grinsen beim Video-theken-Fan. Joseph Zito, der vorher den Slasherfilm THE PROWLER (1981) und ebenfalls 1984 das vorerst letzte Kapitel für Kultkiller Jason Voorhees inszenierte, punktet mit seinem körnigen, rauen Look und den vielen Lense-Flares, die für eine gewisse Grindhouse-Stimmung sorgen. Und wer ganz genau hinsieht, kann vielleicht BLOODSPORT-Star Jean Claude van Damme erkennen, der bei diesem Film als Stuntman zugegen war.

Trotz Verriss der Kritiker war MISSING IN ACTION (1984) ein verita-bler Erfolg an den Kinokassen und spielte über 20 Millionen US-Dollar ein. Die Rechnung von Golan und Globus schien vorläufig aufzugehen.

Gesprengte Ketten, CANNON-Style: MISSING IN ACTION 2 – THE BEGINNING (1985)Nach dem geglückten Kino-Release, der für die noch auf kleinen Füßen stehende Produktionsfirma ein großer Hit war, schob man im Jahr 1985 das bereits fertige Prequel nach. MISSING IN ACTION 2 – THE BEGINNING (1985) folgte dabei einem ganz anderen Ansatz, als es noch im Vorgänger der Fall war.

Statt überlebensgroßer Action im One-Man-Army-Stil, setzte Regisseur Lance Hool auf ein etwasreduziertes Setting. Wir befinden uns zwar ebenfalls im Dschungel Vietnams, doch die Handlung ist - bis auf den Prolog - ausnahmslos in einem Gefangenenlager angesiedelt.Einmal mehr dreht sich alles um James Braddock (Chuck Norris) der während des Vietnamkriegs, ge-meinsam mit seinen Männern in Kriegsgefangenschaft gerät und in einem abgelegenen Lager im Dschungel Vietnams von dem grausamen Colonel Yin (Soon-Tek Oh) über zehn Jahre lang gefoltert wird. Er soll ein Geständnis für die zahlreichen Kriegsverbrechen unterschreiben, damit man ihn und seine Einheit in die Freiheit entlässt. Doch Yin spielt ein falsches Spiel und Braddock plant einen groß angelegten Ausbruch.MSSING IN ACTION 2 (1985) ist quasi die Exploitation-Variante des Hollywood-Klassikers GESPRENG-TE KETTEN (1963).

In beiden Filmen geht es um eine Gruppe Gefan-

gener, die ihren Ausbruch aus ei-nem Gefängnis plant. Wo der Lager-Querulant und Anführer der Protagonisten im legendären Meisterwerk von John Sturges noch von Steve McQueen verkörpert wurde, darf hier natürlich Chuck Nor-ris den Leitwolf geben.

Der Film versucht sich intensiv mit den traumatischen Erlebnissen realer Kriegsgefangener auseinanderzusetzen und ein Bild von Folter und Grausamkeit nachzuzeichnen.

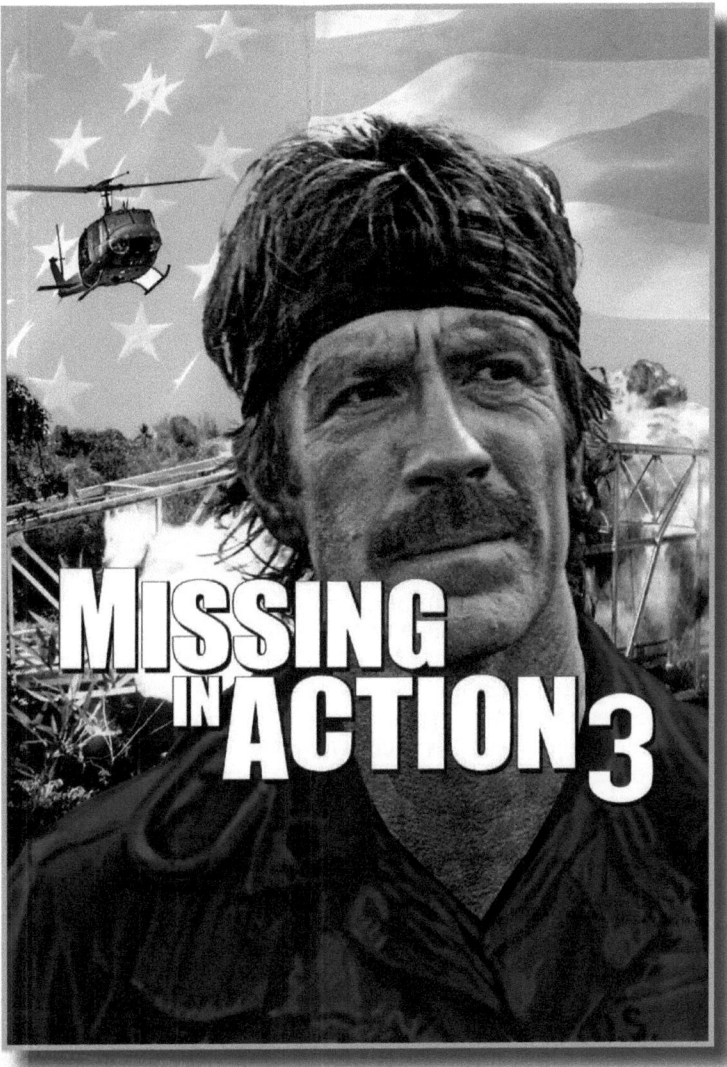

Dazu gibt es allerlei Gewaltspitzen zu bewundern, von denen die Ratten-Szene wohl am ehesten im Gedächtnis bleibt. Dass CANNON hier wieder ausgiebig Verklärung betreibt und die Vietnamesen ziemlich schlecht wegkommen, während amerikanische Kriegstreiber zu geschundenen Helden stili-siert werden, ist dabei natürlich reine Formsache. Patriotismus at it's Best!

Immerhin kann der Film aber auf der Spannungsebene etwas begeistern. Man hält sich zwar konsequent an Genre-Muster, verarbeitet diese aber ganz ordentlich, weshalb der Streifen auch recht rund wirkt. Es gibt immer wieder neue Versuche, aus dem Lager auszubrechen und öfters sehnt man den Erfolg herbei, damit endlich das Geballer im Dschungel losgehen kann, doch MISSING IN ACTION 2 untergräbt diese Er-wartungen und erlöst seine Figuren erst zum Ende. Dieses ist dabei auch schön explosiv geraten und der Kampf zwischen Norris und dem Bösewicht - stylische Karate-Moves

inklusive - ist wirklich amüsant.

Der Antagonist, Colonel Yin, ist dabei der größte Pluspunkt des Films und ein herrlich ver-achtenswertes Schwein. Gespielt wird er vom Japaner Soon-Tek Oh, den Filmfans vor allem in seiner Rolle als Inspektor Hip im James Bond-Film DER MANN MIT DEM GOLDENEN COLT (1974) kennen dürften. Ansonsten hat auch dieses Vehikel keine nennenswerten Darsteller zu bieten. Lediglich Ste-ven Williams, der hier als Captain Nester auftritt, ist ein umtriebiges Gesicht in Sachen TV-Serien.

Rein inszenatorisch ist MISSING IN AC-TION 2 relativ gut gelungen und fängt sein Setting ansprechendein. Bei 100 Minuten Laufzeit schleicht sich auch hier die eine oder andere Länge ein, insgesamt ist das „Prequel" aber wesentlich unterhaltsamer und auch interessanter als der erste Film.

Auch dieser Film verbuchte ein gutes Ergebnis für CANNON. Bei geringen Produktionskosten, spran-gen noch rund sechs Millionen US-Dollar raus. Lediglich in Deutschland hatte der Film einen schweren Stand. Bei der VHS-Veröffentlichung fielen mehr als 17 Minuten der Schere zum Opfer, die ei-gentliche Laufzeit betrug nur noch rund 75 Minuten. Erst Jahre später - im Pay-TV - bekam man eine etwas längere Fassung zu sehen, die „nur noch" rund 10 Minuten Material vermissen ließ. Mittlerweile ist Chuck Norris' zweiter Einsatz in Vietnam nicht mehr auf dem Index und ungekürzt auf DVD und Blu-Ray im Handel erhältlich, mit einer Freigabe ab 18 Jahren. The Return to Vietnam: BRADDOCK – MISSING IN ACTION 3 (1988)Der dritte Teil der Action-Reihe markierte auch gleichzeitig den Beginn vom langsamen Ende der Ki-no-Karriere von Chuck Norris. Zuvor wurde der bärtige Action-Star von seinen Brötchengebern mit Großprojekten betraut, die Norris als Zugpferd zum Erfolg führen sollte. Doch weder INVASION USA (1985), die filmische Quintessenz von Norris' Image als stahlharte Kampfmaschine, noch DELTA

FORCE (1986) erwiesen sich als Erfolg. Das Interesse der Kinozuschauer an reaktionären Actionfilmen aus dem Hause CANNON ließ zunehmend nach, weshalb man sich dazu entschied, auf eine etablierteMarke zu setzen und einen weiteren Teil der MISSING IN ACTION-Reihe in die Kinos zu bringen. Hat-ten doch die Vorgänger gutes Geld eingespielt. Auch wenn Teil 3 etwas konträr zu den ersten beiden Filmen ist, verbirgt sich unter dem einfach gestrickten Action-Knaller wahrscheinlich der unterhalts-amste und kurzweiligste Eintrag der Reihe.

Dieses Mal verschlägt es Braddock (Chuck Norris) erneut in feindliches Gebiet, hat er doch kürzlich erfahren, dass seine totgeglaubte Frau (Miki Kim) den Fall von Saigon überlebt und danach gar Brad-docks Sohn (Roland Harrah III) zur Welt gebracht hat. Bis an die Zähne bewaffnet macht sich der Ve-teran auf, seine Familie aus der Unterdrückung des grausamen General Quoc (Aki Aleong) zu befrei-en. Doch der hat noch eine Rechnung mit unserem Helden offen

MISSING IN ACTION 3 erinnert in gewisser Weise an die Story von RAMBO 3, der ebenfalls im Jahr 1988 erschien. In beiden Filmen wird es für den Protagonisten persönlich und er muss sich um die Befreiung von Bezugspersonen bemühen. Während John J. seinen Colonel Trautman vor den fiesen Russen retten musste, muss Braddock seinen Sohn und ganz viele andere Kinder vor dem Tod bewah-ren. Der Unterschied dabei ist, dass es im Falle des CANNON-Vehikels natürlich ein paar Nummern günstiger zugeht.

Trotzdem kann sich der dritte Teil durchaus sehen lassen. Die Story ist wie gewohnt-zweckmäßig, aber trotz nahezu gleicher Lauflänge wie Teil 1 und 2, hat die dritte Runde deutlich we-niger Längen zu bieten und liefert knackige 80's-Action wie man sie sich wünscht. Schon kurz nach dem Prolog - der zugegebenermaßen den bisherigen Filmen komplett widerspricht - befindet sich Norris hinter feindlichen Linien und darf beherzt Bösewichte ausschalten. Hier passt eigentlich alles. Chuck ist im Action-Modus, der fiese Antagonist ist herrlich niederträchtig, die Highlights sehen gut aus und der reaktionäre Style trieft aus jedem Filmmeter.

Es gibt kaum einen Film, der ein kitschige-res, erzkonservatives, patriotischeres Ende besitzt, als dieser Streifen. Inklusive schmalziger Ballade, die klingt, als wäre sie der Rausschmeißer auf einem Album von David Hasselhoff. Man spürt, dass der Hauptdarsteller selbst Hand ans Skript gelegt hat.Actiontechnisch lässt man sich nicht lumpen und serviert nette Scharmüt-zel zu Land, zu Wasser und in der Luft. Nachdem eine fiese Folterszene für kurzes Staunen sorgt, geht es ordentlich rund, wenn Braddock ein ganzes Lager mit dicker Wumme und Granatwerfer dem Erdboden gleichmacht. Es knallt und zischt an jeder Ecke. Norris verteilt Roundhouse-Kicks, be-seitigt Kinderschänder und nimmt es sogar

mit einem Kampfhubschrauber auf.

Zudem gibt er hier den großartigsten One-Liner seiner gesamten Karriere zum Besten:Little John: „Don't step on any Toes!"Braddock: „I don't step on Toes, I step on Necks!"Ursprünglich sollte Joseph Zito wieder den Posten des Regisseurs übernehmen. Aufgrund kreativer Differenzen mit Norris machte er jedoch einen Rückzieher und inszenierte stattdessen RED SCORPI-ON (1988) mit Dolph Lundgren. Nach Zitos Abgang übernahm Chucks jüngerer Bruder Aaron die Re-gie, was der Beginn einer fruchtbaren Zusammenarbeit war.

Aaron Norris realisierte noch weitere Fil-me seines Bruders, unter anderem DELTA FORCE 2 (1990) und THE HITMAN (1991), in denen er zei-gen konnte, dass er ein versierter Action-Regisseur sein kann. Letztendlich war der Film ein kleiner Erfolg und konnte nochmal sechs Millionen US-Dollar einspielen. Allerdings war es der letzte richtige Kino-Kracher für Chuck Norris. Die nachfolgenden Projekte zielten mehr auf den Videomarkt ab, was auch an der finanziellen Schieflage von CANNON FILMS lag. In Deutschland erschien MISSING IN AC-TION 3 ebenfalls nur geschnitten auf VHS - mit rund sechs Minuten an Kürzungen. Mittlerweile ist auch dieser Film uncut mit einer Freigabe ab 18 Jahren erhältlich.

Actiontechnisch lässt man sich nicht lumpen und serviert nette Scharmützel, zu Land, zu Wasser und in der Luft. Nachdem eine fiese Folterszene für kurzes Staunen sorgt, geht es ordentlich rund, wenn Braddock ein ganzes Lager mit dicker Wumme und Granatenwerfer dem Erdboden gleich-macht. Es knallt und zischt an jeder Ecke. Norris verteilt Roundhouse-Kicks, beseitigt Kinderschänder und nimmt es sogar mit einem Kampfhubschrauber auf. Zudem gibt er hier den großartigsten One-Liner seiner gesamten Karriere zum Besten:

Ursprünglich sollte Joseph Zito wieder den Posten des Regisseurs überlegen, aufgrund kreativer Differenzen mit Norris, machte er jedoch einen Rückzieher und inszenierte stattdessen RED SCORPION (1988) mit Dolph Lundgren. Nach Zitos Abgang übernahm Chucks jüngerer Bruder Aaron die Regie, was der Beginn einer fruchtbaren Zusammenarbeit war, denn Aaron Norris realisierte noch weitere Filme seines Bruders, unter anderem DELTA FORCE 2 (1990) und THE HITMAN (1991), in denen er zeigen konnte, dass er ein versierter Action-Regisseur sein kann.

Letztendlich war der Film ein kleiner Erfolg und konnte nochmal sechs Millionen US-Dollar einspielen. Allerdings war es der letzte richtige Kino-Erfolg für Chuck Norris, die nachfolgenden Projekte zielten mehr auf den Videomarkt ab, was auch an der finanziellen Schieflage von CANNON FILMS lag.

In Deutschland erschien MISSING IN ACTION 3 ebenfalls nur gekürzt auf VHS, mit rund sechs Minuten an Kürzungen. Mittlerweile ist auch dieser Film ungeschnitten mit einer Freigabe ab 18 Jahren erhältlich.

Colonel James Braddock, genannt „der Tiger", kann nach acht Jahren aus einem vietnamesischen Gefangenenlager fliehen – mit dem Ziel, die grausamen Zustände, denen dort noch zahllose andere Soldaten ausgeliefert sind, zu beenden. Als offizielle Nachforschungen des amerikanischen Senats im Sande verlaufen, ergreift Braddock die Eigeninitiative. Mit Hilfe seines alten Armeefreundes Tuck schleicht er sich nach Thailand ein und arbeitet sich durch den undurchdringlichen Dschungel. Die Vietnamesen erkennen die Gefahr und versuchen, die Gefangenen in ein anderes, geheimes Lager zu verlegen. Der „Tiger" hat keine Zeit zu verlieren – lautlos, blitzschnell, tödlich greift er ein . . .

Credits: MISSING IN ACTION · Darsteller: CHUCK NORRIS · M. EMMET WALSH · DAVID TRESS LENORE KASDORF · JAMES HONG · ERNIE ORTEGA · Regie: JOSEPH ZITO · Drehbuch: JAMES BRUNER · Produktion: MENAHEM GOLAN und YORAM GLOBUS · © Cannon Films Inc. ℗ CANNON/VMP, 1985 · Laufzeit: ca. 86 Minuten

SIZZLE BEACH, U.S.A.

Oh la la.....da sieht man Strand-Miezen mit typischen Farben der 80er auf dem Cover und ein Kevin Costner hockt brav daneben? Was ist denn hier los? Hat unser POSTMAN- und WATERWORLD-Darsteller etwa ein dunkles Geheimnis, das wir nun gelüftet haben? Zugegeben, viele Schauspieler haben vor ihrem Durchbruch in zahlreichen B- oder sogar C-Movies mitgewirkt. Manche davon haben den Sprung in die Oberliga nie geschafft oder sind sogar noch weiter abgerutscht und drehten Schmuddelfilme für Erwachsene. Aber unser Kevin?

HEIßER STRAND U.S.A. ist eine Komödie von 1981 aus dem Hause TROMA. Ja richtig gelesen – TROMA. Bevor sich TROMA eher den Horrorfilmen widmete, versuchten sie im Komödien Genre Fuß zu fassen. Es blieb leider bei erfolglosen Versuchen, wodurch die meisten Streifen aus diesem Hause auch hierzulande eher einen Unbekanntheitsgrad erster Güte genießen.

Statt dass sich, wie so oft, drei Surfer auf den Weg nach Kalifornien machen, sind es hier drei junge Mädels, die verschiedene Ziele verfolgen und aus ihren ländlichen Gegenden ausbrechen möchten. Sie sind in Kalifornien - Strand, Wellen, knackige Kerle, Eis und vieles mehr. Doch verbirgt sich auch hinter der schönsten Fassade oft nur Mist! Leider trifft das auch auf den Film selbst zu.

Zum Beispiel die Mädels, die zwar recht nett ausssehen, aber keine wirklich tollen Strandmiezen sind. Das fängt schon damit an, dass sie wohl bei der Wahl des Schönheitschirurgen nicht sonderlich wählerisch waren. In den 80ern waren Brustimplantate bei den Frauen sehr beliebt, doch das Endresultat sieht hier eher misslungen aus. Von ihren schauspielerischen Talenten - sofern man davon reden kann - ganz abgesehen. Doch die Mädels ziehen oft blank und zeigen, was sie angeblich haben. Aber auch unser Kevin zieht blank. Allerdings nicht so, wie Du denkst. Er ist hier bloß ohne seine Porno-Bremse im Bilde. Seine Screentime ist sehr begrenzt und ergibt zusammen vielleicht 10 Minunten der Spielfilmzeit. Das hinderte TROMA nicht daran, ihn als Lockmittel einzusetzen, um ihren Film besser zu vermarkten.

Zudem waren die Drehbuchschreiber wohl Neulinge im Komödien-Genre, denn Witze oder flotte Sprüche habe ich hier nicht vernommen oder hatte ich was mit den Ohren? Der Titel HEIßER STRAND U.S.A. ist auch eher eine Verlockung, denn all zuviel bekommt man von ihm nicht zu Gesicht. Storytechnisch ist die Idee der drei jungen Mädels gar nicht mal soweit her geholt. Sie erleben nicht nur positive Dinge der Veränderungen, sondern fallen auch schon mal kräftig auf die Nasc.

Wer scharf drauf ist, Kevin Costner ohne Popelbremse zu sehen, sollte sich dieses Werk antun. Aber bitte zu den jeweiligen Stellen springen, denn der Rest des Films ist leider misslungen. Langweilig, sinnlose Dialoge, kein Humor und Darsteller die man wohl aus einem Kaufhaus heraus engagiert hat.

STEFAN

Vergessen war gestern, wir sprechen darüber!

THE CANNON GROUP, INC. presents DOM DELUISE, JIMMIE C. WALKER a Golan-Globus production

BOAZ DAVIDSON "MY AFRICAN ADVENTURE"

DAVID MENDENHALL, DEEP ROY, WARREN BERLINGER and HERBERT LOM. AVI LERNER DAVID DORTORT

MENAHEM GOLAN, producers MENAHEM GOLAN and YORAM GLOBUS, BOAZ...

IM URWALD IST DIE HÖLLE LOS ist ein Abenteuer-Komödien-Mix aus dem Hause CANNON, doch leider gehört er zur Gattung der Flops, die selbst in den Videotheken keinen Erfolg und Bekanntheitsgrad erlangen konnten. Die Geschichte ist recht simpel: Ein zehnjähriger Junge geht mit seinem Begleiter auf Safari in Afrika und befreit einen Affen aus einer Falle. Fortan begleitet ihn das Tier und der Junge beschliesst, ihn zu behalten. Doch da taucht ein geldgieriger Mann auf, der den Affen an einen Zirkus verkaufen möchte. Können der Junge und sein Begleiter den Affen retten?

Schon nach wenigen Minuten Laufzeit erkennt man ein paar bekannte Gesichter aus der 80er Filmwelt wieder, allen voran den Schauspieler David Mendenhall, den die meisten wohl eher als Michael Hawk aus "Over the Top" kennen. Übrigens auch eine CANNON Produktion, jedoch eine mit Kultstatus.

Für die Regie von IM URWALD IST DIE HÖLLE LOS von 1987 - nicht zu verwechseln mit dem gleichnamigen Film von 1981 - wurde Boaz Davidson engagiert. Davidson ist kein Unbekannter hinter der Kamera. Der Israeli drehte insgesamt vier Teile der "Eis am Stiel"-Filmreihe. Dazu kommen noch Filme wie "American Cyborg" von 1994 und 1995 drehte er noch "Astro Cop", um nur ein paar seiner Werke zu nennen.

Mendenhall drehte noch ein paar andere Filme, darunter Titel wie "Space Raiders – Weltraumpiraten" von 1983, "Hauch des Todes" von 1980 und "Das Geheimnis des Mondtals" von 1989 ebenfalls aus dem Hause CANNON. Als sein Begleiter tritt Dom De Luise auf, oder sollte man besser "Captain Chaos" sagen? Zu seinen bekanntesten und beliebtesten Filmen zählen sicherlich die "Auf dem Highway ist die Hölle los"-Reihe an der Seite von Burt Reynolds. Aber auch seine Auftritte in Streifen wie "Trabbi goes to Hollywood" von 1991 und "Der Harte und der Zarte" von 1990 sind bekannt und bei vielen beliebt. Schon in den 60er Jahren begann Dom seine Filmkarriere, die bis ins Jahr 2009 anhielt, in dem er einem Krebsleiden erlag.

Wer sich für IM URWALD IST DIE HÖLLE LOS entscheidet, sollte wissen worauf er sich einlässt. Einfache Story, teils flacher Humor und Szenen, die oft nur zum schmunzeln anregen, aber einem kaum zum Lachen bringen. Dafür bekommt man tolle Settings und Außenaufnahmen geboten, wofür man CANNON wieder einmal loben muss. Der Affe im Film wurde vermutlich aus Kostengründen von einem kostümierten Mann dargestellt.

Der Streifen ist ein netter und durchaus unterhaltsamer Film aus dem Hause CANNON. Man sollte jedoch seine Erwartungen etwas zurückschrauben und keinen reinen Abenteuerkracher erwarten. Dafür bekommt man eine tolle Atmosphäre in Afrika und seichte Komik geboten.

Auch dieser Film ist bislang in Deutschland nur auf VHS verfügbar und nur selten in gutem Zustand erhältlich. Da er in den Videotheken ein Flop war, ist diese Version nur recht schwer zu bekommen und zumeist für einen recht hohen Preis. Doch es gibt Trost: Gelegentlich läuft der Film auch auf Super RTL im Sonntagnachmittags-Programm.

STEFAN

Vergessen war gestern, wir sprechen darüber!

Impressum:

Herausgeber:
Stefan Böse

Impressum:
© 2019 Stefan Böse
Herstellung und Verlag: BoD – Books on Demand, Norderstedt.
ISBN: 9783750428133

Autoren:
Johnny Janzerino
Christopher Feldmann
Kristijan Skrobo

VHS
NEVER FORGET

Bild-Quellen der Screenshots:

Tote Engel lügen nicht © VHS: Cannon
Neon City © VHS: Cannon
Alienkiller © VHS: Cannon
Crack House © VHS: Cannon
Höllische Freundin © VHS: Cannon
Bad Boys © DVD: Kinowelt
Das Auge des Killers © VHS: Cannon
Bloodsport © DVD: MGM
Cyborg © Blu-ray; NSM
Link, der Butler © VHS: Cannon
Death Strip © VHS: Cannon
Over the Top © Blu-ray: MGM
Herkules © Blu-ray: Koch Media
Missing in Action © DVD, Blu-ray: MGM
Heisser Strand USA © VHS: Cannon
Im Urwald ist die Hölle los © VHS: Cannon

Informationsquellen:
www.retro-film.info
www.wikipedia.de
www.schnittberichte.com
www.ofdb.de
www.imdb.com
www.amazon.de
www.themoviedb.org

BESUCHT UNS DOCH AUF FACEBOOK UNTER:
WWW.FACEBOOK.COM/RETROFILMBLOG